JENS und MICHEL
auf dem Bauernhof

Von Ib Hansen

Reinbeker Kinderbücher
Carlsen Verlag

Jens und Michel wohnen in der Stadt. Sie sind gleich groß und gleich alt - sie sind Zwillinge. Heute dürfen sie mit Vater zu Onkel Fritz auf den Bauernhof fahren. Sie ziehen ihre Gummistiefel an.

Taps und Tobi sehen dem Auto nach.

Jens und Michel haben Onkel Fritz und Tante Inge guten Tag gesagt. Jetzt laufen sie über den Hof. Sie wollen gleich die Schweine besuchen.

„Guten Tag", sagen
die Zwillinge.
„Öf-öf", grunzen
die Schweine.

„Sie haben Hunger",
sagt Michel, „wir
wollen sie füttern."

Die Schweine freuen
sich und fressen.
„Ich möchte ein
Schwein kaufen",
sagt Michel.
„Das kostet eine
Mark und fünfzig",
antwortet Jens.
Klatsch! - Sie schlagen
einander in die Hände.
So kauft man
Schweine.

Jens und Michel wollen jetzt die anderen Tiere auf der Weide besuchen.

Das große Schaf sieht
ihnen entgegen.
„Mäh", sagt es.
Es läßt sich streicheln.
„Meine Socken
sind aus Schafwolle",
sagt Jens.
„Meine auch",
sagt Michel.

Die Ziege meckert ihnen zu. Die Zwillinge gehen nicht ganz zu ihr hin. Sie fürchten sich vor den spitzen Hörnern. Aber die Ziege will ihnen nichts tun. Und das Zicklein erst recht nicht.

Jetzt sagen Jens und Michel dem Pferd guten Tag. Es heißt Klas. Klas ist vor einen Wagen gespannt. Opa lädt Stroh auf.

Jens will ihm helfen. Aber das Stroh rutscht ihm von der Forke herunter.

„Ich will jetzt reiten", sagt Jens. „Kommst du mit, Michel?"

„Hilf mir bitte auch auf das Pferd", sagt Michel zum Großvater.

„Sieh mal, dahinten wird Stroh verbrannt!" ruft Michel. „Komm, wir laufen hin."

Aber als sie näher kommen, wird Michel bange. Er fängt fast an zu weinen.

„Warum machst du das Feuer?" fragt Jens.
„Dieses Stroh hier taugt nichts, es hat zu lange im Regen gelegen. Unsere Tiere bekommen nur gutes Stroh. Wir haben genug davon."

„Da kommt Onkel Fritz
mit dem Trecker",
sagt Michel.
Sie laufen hin.
„Was machst du da?"
„Ich pflüge das Feld",
sagt Onkel Fritz.
„Später säe ich dann
hier wieder Korn."

„Komm!" ruft Jens. „Wir wollen noch mehr Tiere sehen!" Und er läuft los.
„Warte", sagt Michel, „ich kann nicht so schnell."

„Sind das unsere
Kühe?" fragt Jens.
„Nein", sagt Michel,
„das sind die Kühe
vom Nachbarn.
Onkel Fritz hat keine
schwarzweißen Kühe."
„Muh", brummen
die Kühe.

Michel hat ein Kalb entdeckt.
Es ist angebunden.
Die Zwillinge laufen nach Hause und holen Milch in ihren kleinen blauen Eimern.

Zuerst hat das Kalb Angst. Aber als es sieht, daß in den Eimern Milch ist, freut es sich.
Es trinkt alle Milch aus.

Jens und Michel sind wieder auf dem Hof.
Sie spielen Bauer. Jens fährt Trecker.

Michel wäscht den Trecker, damit er wieder blank und rot ist.

Dann gehen sie in den leeren Kuhstall. Jens holt Stroh vom Boden. Michel fegt den Gang.

Dann helfen sie die Kühe heimtreiben. „Sind das unsere Kühe?" fragt Jens. „Ja", sagt Michel, „das sind unsere Kühe. Onkel Fritz hat lauter braune Kühe."

Die Kühe haben sich selbst ihre Plätze im Stall gesucht. Sie sollen jetzt gemolken werden.

Die Kühe haben viel Milch in ihren Eutern. Nach dem Melken kommt die Milch in große Kannen. In der Molkerei wird aus der Milch Butter und Käse und Joghurt gemacht.

In der Küche sitzen die Katzen und warten – was meinst du wohl, worauf?

Sie warten darauf, daß Jens und Michel ihnen Milch geben. Milch trinken alle Katzen gern.

Tante Inge schneidet Brot in Würfel. Die gibt sie den Jungen.
„Ihr könnt damit die Hühner und Enten füttern", sagt sie.

Jens und Michel füttern zuerst die Hühner.
„Gagaga-gak", sagen die Hühner und picken das Brot auf.

„Quak-quak", schnattern die Enten unten am Teich.
Auch sie mögen die Brotstücke gern.

„Guten Appetit", sagen die Zwillinge. Als das Brot alle ist, watscheln die Enten in den Teich. Jens und Michel sehen ihnen beim Schwimmen zu.

Der Vater hat gerufen. „Wir müssen nach Hause fahren", sagt er.
Jens und Michel klettern ins Auto.

Zu Hause spielen sie noch ein bißchen Bauer, mit ihren eigenen Treckern.

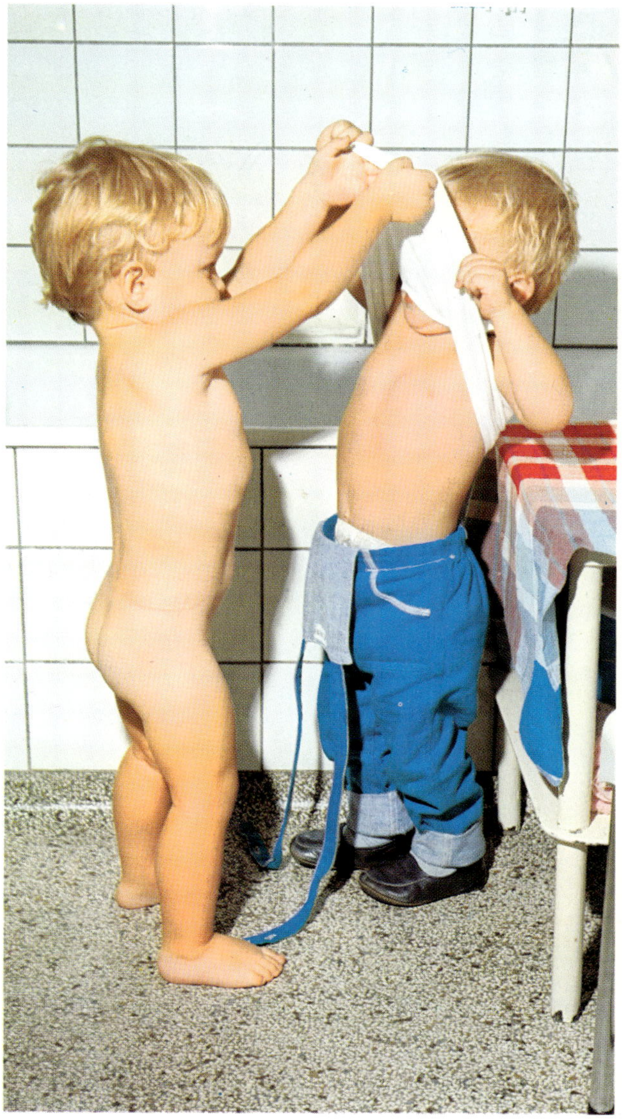

Dann müssen sie ins Bett. Michel hilft Jens beim Ausziehen.

Jens hilft Michel beim Waschen. „Es brennt!" ruft Michel. Ihm ist Seife ins Auge gelaufen.

Jens und Michel
liegen mit ihren
Teddys im Bett.
„Gute Nacht", sagen
Jens und Michel,
„schön war es heut
auf dem Bauernhof!"

„Schlaf gut", sagen die
Brüder zueinander.
Sie geben sich einen
Gutenachtkuß –
und dann schlafen sie.
Wovon sie heute
wohl träumen?